Contenido

pregunta esencial

¿Cómo comprender que el pasado modifica el futuro?

June 16, 1864
Mathematics
Spelling Words
3 recorded
4 monarch
5 occupation
6 establishment
7 majesty

Recuerda hacer tus anotaciones mientras lees

Notas

Recordando a Bell

1   Hoy en día puedes usar un teléfono celular para hablar con alguien que está lejos, pero en otras épocas para tener noticias de esa persona tenías que abrir una carta y leerla. Todo comenzó a cambiar en 1876 cuando Alexander Graham Bell inventó el teléfono.

10 añ

2   Durante la década siguiente, Bell mejoró el diseño del aparato y poco después miles de personas tuvieron teléfonos en casa. Ya es imposible vivir sin nuestro propio teléfono y su sonido. Tenemos que agradecer los muchos inventos que nos facilitan la vida, desde el paraguas y los limpiaparabrisas hasta los lavavajillas.

3   A lo largo del tiempo las formas de comunicarnos siguen cambiando. Desde los abrecartas a los primeros teléfonos, hasta los teléfonos inteligentes actuales.

Los ausentes

Alexis Romay

Los búfalos que pastaban

bajo el aire cálido del mediodía

en la inmensa pradera norteamericana

desaparecieron hace mucho, mucho tiempo.

Ya no volveremos a ver la silueta majestuosa

que formaba la manada.

No volveremos a ver desfile semejante.

¿Recordamos acaso el sonido

de sus huellas en la hierba?

Recuerda hacer tus anotaciones mientras lees

Notas

El Camino de Oregón

17 de mayo de 1849

Querido diario:

1   Hemos estado en el Camino de Oregón durante dos semanas. Papá y yo caminamos mientras mamá y el bebé viajan dentro de la carreta, con nuestras pertenencias. Cada día extraño más mi hogar, pero papá promete que nuestra nueva vida será buena.

Sinceramente tuya,
Edith

29 de junio de 1849

Querido diario:

2   ¡Lluvia, lluvia y más lluvia! La carreta está atascada en el lodo con una rueda rota. ¿Llegaremos algún día a nuestro destino?

Sinceramente tuya,
Edith

14 de julio de 1849

Querido diario:

3   El amanecer nos trajo una vista maravillosa: una manada de búfalos pastando en la llanura. Nuestras provisiones se están agotando y no hemos comido carne en semanas. Aun así...

Sinceramente tuya,
Edith

18 de agosto de 1849

Querido diario:

4   Esta tarde nos detuvimos cerca de una aldea india para comprar suministros. Papá dice que tenemos suficiente maíz, guisantes y papas para llegar a Oregón. ¡Ya no debe estar lejos!

Sinceramente tuya
Edith

Recuerda hacer tus anotaciones mientras lees

Notas

Helen Keller: Leer al tacto

1   Una enfermedad dejó ciega y sorda a Helen Keller en su niñez. Una de las formas en que logró aprender sobre el mundo fue a través del tacto. Esto es lo que ella escribió:

2   En una ocasión, había once renacuajos en una pecera redonda de vidrio que estaba en una ventana llena de plantas. Fue muy divertido meter la mano en la pecera y sentir los renacuajos jugueteando.

3   Un día, uno de ellos con un poco más de ambición, saltó fuera de la pecera y cayó al piso. Lo encontré más muerto que vivo, pero tan pronto como regresó a su elemento, salió disparado nadando hasta el fondo, dando volteretas en el agua. Más tarde, terminó viviendo en la piscina llena de hojas en un extremo del jardín.

La pelota de béisbol

Lonnie Cason

La semana pasada mi hermano y yo estábamos en el garaje del abuelo. ¡Estaba lleno de cosas y telarañas! Había letreros de hojalata colgados en las paredes. Una casa de pájaros hecha a mano estaba apoyada en un estante junto a un yunque. Los botes de reciclaje estaban llenos de juguetes viejos que el perro había roído.

Mientras buscábamos, hallamos algo importante en una vieja canasta de picnic. Era una pelota de béisbol que había sido envuelta en periódico. El nombre "Robert" estaba firmado en la pelota.

—¿Quién es Robert? —le pregunté a mi hermano. Él me miró y encogió los hombros. En ese momento el abuelo entró a el garaje.

—Esa es mi pelota de béisbol —dijo—. Ustedes niños no saben esto, pero mi primer nombre es Robert. Ahora uso James. Ese es mi segundo nombre. Pero era conocido como Robert durante la infancia.

El abuelo se rió de nuestras caras. Estábamos boquiabiertos. Luego tomó la pelota y se la lanzó de mano en mano.

—¡Nunca sabes lo que descubrirás en mi garaje! Ahora es suya —dijo el abuelo. Luego hizo un guiño y nos lanzó la pelota. ❖

DesarrollaPiensaEscribe

Ampliar los conocimientos

Anota la nueva información que aprendiste esta semana.

"El Camino de Oregon" y "Helen Keller: Leer al tacto"
¿Cómo compararías los hechos descritos en las dos lecturas?
¿Qué conclusiones sacas después de leer estos dos textos?

Piensa

¿Cómo comprender que el pasado modifica el futuro?

Basado en los textos de esta semana, escribe otras ideas que tengas acerca de la pregunta esencial.

_____

_____

_____

_____

_____

_____

Escribir basándote en las fuentes

Informativo/Explicativo

Después de leer "El Camino de Oregón" y "Helen Keller: Leer al tacto", haz un escrito corto en el que compares a las dos escritoras. Para apoyar tu explicación, incluye hechos y datos de las lecturas seleccionadas.

Un regalo para los Estados Unidos

Notas

1   El 4 de julio de 1884, Francia le envió a los Estados Unidos la Estatua de la Libertad, como regalo de cumpleaños.

2   La idea de hacer este monumento nació alrededor de una mesa en una cena, en París, en 1865. Mientras los invitados discutían sobre la democracia, decidieron honrar, de alguna manera, a la joven nación llamada Estados Unidos. Un escultor pensó que el monumento tuviera forma de cuerpo de mujer. Ella sostendría una antorcha, que representaría la libertad y la democracia.

3   Hoy en día, más de cien años después, la señora Libertad vigila el puerto de Nueva York. Desde lo alto, continúa iluminando con la luz de su antorcha la entrada a los Estados Unidos. Casi parece salida de un cuento.

Veo veo... en el museo

Yanitzia Canetti

Vamos de paseo a un conocido museo.
¡No es un invento! ¿No me crees?
Es casi un cuento de "Había una vez...".
   Veo veo, dice Leo.

Yo le pregunto: —¿Qué ves?

—Bajo la luz, ¡una estatua de alguien
famoso tal vez!

Veo el parche de un pirata... ¡monedas y
tesoros! varios objetos de plata, ¡y hasta
coronas de oro!

Veo un pterosaurio colgado del techo alto
con cuerpo de ave... ¡y cara de lagarto!

Veo varios fósiles, todos distintos, ¡de
plantas carnívoras y animales extintos!

Veo la lanza de un noble caballero... y
cascos de vikingos y yelmos de guerreros.

Veo veo, dice Leo.

Yo le pregunto: —¿Qué ves?

—Veo una momia egipcia y un sable
japonés.

Recuerda hacer tus anotaciones mientras lees

Notas

Las fuentes primarias

Margaret McNamara

Introducción

1   Tu maestro tiene una tarea interesante para ti. Tienes que elegir algo del pasado e investigarlo. Puede ser cualquier cosa.

2   ¿Cómo encuentras información acerca del pasado? Una de las mejores maneras de hacerlo es encontrando las fuentes primarias. Primaria significa que son de primera mano. Una fuente primaria es alguien que tiene conocimiento directo sobre el asunto. Alguien que vivió un evento es una fuente primaria. Puedes entrevistar a esa persona sobre el evento. También puedes buscar pinturas, fotografías, escritos y artefactos.

| artefacto | fotografía | carta |

▲ Las fuentes primarias son objetos originales del pasado.

14

Entrevistas

3   Supón que quieres investigar la historia de tu familia. Puedes entrevistar a algunos de sus miembros. Ellos son fuentes primarias de información para el tema que escogiste.

4   Una entrevista consiste en hacerle preguntas a alguien. Asegúrate de hacer una lista de preguntas antes de comenzar. Además, asegúrate de escuchar con atención las respuestas que te dé la persona. Lo que diga puede llevarte a hacer nuevas preguntas. ¡No te sorprendas si encuentras algo que no esperabas!

Qué, quién, cuándo, cómo, dónde y por qué

¿Cómo hacer una buena lista de preguntas?

Haz lo que hace un reportero y asegúrate de obtener respuestas para estas preguntas:

- ¿De quién se trata?
- ¿De qué se trata?
- ¿Cuándo sucedió?
- ¿Dónde sucedió?
- ¿Por qué sucedió?
- ¿Cómo sucedió?

15

5   Puedes escoger un tema del que se haya hablado en las noticias. La entrevista de un reportero es una fuente primaria. Puedes ver entrevistas en la televisión, escuchar algunas entrevistas en la radio o en Internet o también puedes leer entrevistas en periódicos o revistas.

Pinturas y fotografías

6　　La fotografía no existió hasta el siglo XIX. Antes, la gente pintaba y hacía retratos de otra gente. Estas pinturas son fuentes primarias de información, porque muestran cómo vivía la gente en aquellos tiempos. Las pinturas nos cuentan historias.

▲ Esta pintura muestra a gente de la época de la colonia, hace cientos de años.

▲ Esta pintura muestra la Guerra de Independencia de los Estados Unidos. Este hecho sucedió hace más de 200 años.

7   Muy pronto, la fotografía se volvió una forma importante de registrar eventos. Casi todos los eventos importantes del siglo XX hasta nuestros días han sido fotografiados. Las fotografías son buenas fuentes primarias para temas del pasado. También son buenas fuentes primarias para cosas que suceden hoy en día.

▲ Esta fotografía muestra a Martin Luther King, Jr., hablando en Washington, D.C. hace casi cincuenta años.

▲ Esta fotografía muestra el volcán Monte Santa Helena haciendo erupción hace aproximadamente treinta años.

Escritos

8　　La palabra escrita es otra fuente primaria de información. Es una de las fuentes primarias más viejas.

9　　En el pasado, las personas se enviaban cartas escritas a mano. Ahora se mandan correos electrónicos. Diarios, periódicos y documentos son otras formas de palabra escrita y son una buena fuente para aprender sobre el pasado.

▲ **La Declaración de Independencia es un documento importante sobre la fundación de los Estados Unidos de América.**

Artefactos

10   Los artefactos son cosas hechas por la gente y son otra fuente primaria importante. Mirando herramientas antiguas, podemos aprender cómo vivía y trabajaba la gente.

11   Los artefactos muestran cómo era la vida diaria en el pasado. Los juguetes viejos nos muestran cómo solía entretenerse la gente.

▲ Estos juguetes fueron hechos hace más de cincuenta años. ¿Se parecen a los juguetes de hoy?

artefacto

pintura

escritos

entrevista

fotografías

March 12, 1965
Dear Diary,
Tonight, Mom and
Dad took me to the
movies. We saw The
Sound of Music. It
was great! Today at
school, I got an A
on a spelling test.

Conclusión

12   Una fuente primaria está conectada directamente con el tema que estás investigando. Una fuente primaria ofrece conocimiento de primera mano sobre un tema. Las entrevistas pueden ser fuentes primarias, como también las pinturas, las fotografías, las piezas de escritura y los artefactos. Una vez que elijas un tema, las fuentes primarias te ayudarán en tu camino hacia el pasado.

Notas

Los tesoros de la abuela

F. Isabel Campoy

1   Me gustan los veranos con mi abuela. Ella es de cuerpo fuerte y manos suaves. Vive en lo alto de un pueblo, junto a un río.

2   Cuando salimos a caminar, siempre regresamos con tesoros. Es el ojo de abuela quien los encuentra.

3   —Es un día perfecto para descubrir tesoros en casa —dijo un día de lluvia. Abrió una puerta con una llave de hierro y separó las cortinas para que entrara la luz. Miré con asombro a mi alrededor.

4   —Escribamos un cuento —dijo sonriendo—. Se puede titular "Diccionario para gente joven". Pondremos todo lo que encuentres aquí que no sepas para qué sirve. Este será el índice de nuestro libro:

5   Molinillo de café manual, botella de cerámica para calentar la cama en invierno, plancha de carbón, huevo de zurcir medias, gramófono, pluma de tinta, lavandera de madera para lavar en el río, botijo y máquina de escribir.

6   —Abuela, yo creo que el libro debiera titularse "¡Qué bien se vive en el siglo XXI!".

DesarrollaPiensaEscribe

Ampliar los conocimientos

Anota la nueva información de esta semana.

Aprender sobre las fuentes primarias	
¿Qué es una fuente primaria?	**¿Por qué una entrevista es una fuente primaria?**
¿Que conclusiones puedes obtener de una fuente primaria?	**¿Por qué estudiamos las fuentes primarias?**

Piensa

¿Cómo comprender que el pasado modifica el futuro?

Basado en los textos de esta semana, anota otras ideas que tengas acerca de la pregunta esencial.

_____

_____

_____

_____

_____

Escribir basándote en las fuentes

Narrativa

Después de leer "Las fuentes primarias", reflexiona sobre la lectura de la semana pasada: "Querido diario". Ambas lecturas hablan sobre entradas de diarios que nos hablan del pasado. Escribe tu propia entrada de diario donde cuentes algo importante de tu vida. Para apoyar tu narración, incluye hechos y datos, de la misma forma que aparecen en las dos lecturas anteriores.

Recuerda hacer tus anotaciones mientras lees

Biografía

Newton y la gravedad

gravity (handwritten)

¿cómo Newton cambio el futuro? (handwritten)

1   A través de los años se ha contado la leyenda de que el científico inglés Isaac Newton observó como una manzana caía de un árbol directamente hacia el suelo durante un día de campo. Esto lo animó a hacer un estudio sobre ese fenómeno, porque pensaba que debía haber una fuerza que hacía que la manzana cayera de esa manera. La llamó la fuerza de gravedad. La fuerza de gravedad nos mantiene en la Tierra en lugar de estar flotando en el espacio.

2   Cuando Newton nació en 1642, era tan pequeño que su madre dijo que podría caber ¡en una taza! A medida que creció en tamaño, también creció su inteligencia. Newton llegó a convertirse en uno de los científicos más importantes del mundo.

Un día emocionante en San Francisco

"exciting"

Notas

similar a una carta

27 de mayo de 1937

Querido diario:

Fecha
Saludo

1   ¡El día de hoy ha sido muy emocionante! El resplandeciente puente Golden Gate fue inaugurado aquí en San Francisco. Hoy, solamente a los peatones se les permitió atravesarlo. Yo fui con mamá y papá. Pagamos veinticinco centavos cada uno para poder caminar sobre él. Miles de personas como nosotros esperaron en la fila durante horas, mientras soplaba el viento. La parte más emocionante del día fue cuando vimos a nuestras vecinas, las hermanas Carmen y Minnie Pérez, con sus patines. Fueron las primeras personas en atravesar el puente en patines. ¡Van a aparecer en los libros de historia!

cuerpo

Sinceramente tuyo,
Charles

despedida

Firma

Recuerda hacer tus anotaciones mientras lees

Notas

Un dinosaurio llamado SUE

Diario de mi excavación de verano

Terri Patterson

11 de agosto de 1990

1   Mañana es el último día de la excavación. No puedo creer que haya estado en Dakota del Sur durante diez semanas. Ha sido un verano largo, caluroso y fantástico. Encontramos muchos huesos de dinosaurios. ¡Algunos tienen más de 60 millones de años! Tendré mucho que contar cuando regrese a clases.

El Parque Nacional Badlands en Dakota del Sur

Estamos aquí

12 de agosto de 1990

2 ¡Qué día! A nuestro camión se le pinchó una rueda. Pete Larson y yo tuvimos que ir al pueblo para que la arreglaran. Sue Hendrickson se quedó a esperarnos. Quería buscar huesos en otro lugar antes de que nos fuéramos.

3 Sue estaba emocionada cuando regresó al campamento. Encontró unos huesos gigantescos sobresaliendo de un precipicio. Eran demasiado grandes para ser otra cosa que no fuera un dinosaurio. Sue sabía que eran de un carnívoro. En esta parte del mundo, ¡sólo podría ser tiranosaurio!

4   Sue trajo consigo dos piezas de hueso para mostrárselas a Pete. Él estuvo de acuerdo en que eran huesos de tiranosaurio y fuimos de inmediato para ver de dónde habían salido.

5   Cuando llegamos, ¡no podíamos creer lo que veíamos! El fondo del precipicio estaba cubierto de trozos de huesos. Más de diez huesos sobresalían del precipicio. Pete pensó que ahí podría estar enterrado un esqueleto enorme. Bautizó al dinosaurio como SUE por la persona que lo encontró.

6   Ahora, solo tenemos un problema. Los huesos están enterrados bajo casi treinta pies de tierra y rocas. Vamos a tener que trabajar muy duro para sacarlos de ahí. A Pete, a Sue y a mí nos espera un gran trabajo.

▲ Sue encontró estos huesos sobresaliendo en un precipicio.

14 de agosto de 1990

7   Empezamos a sacar el tiranosauro temprano por la mañana. No podíamos usar una máquina grande para quitar la tierra y las rocas. Una máquina podría quebrar o aplastar los huesos fosilizados, por lo que hicimos todo el trabajo a mano. Nos ayudamos de unas barras de metal para quitar las rocas más grandes. Usamos picos para romper las rocas más pequeñas y palas para mover la tierra. El sol nos pegó todo el día, pero casi no lo notamos. Simplemente seguíamos pensando en el "T. Rex". Nos preguntábamos cuánto de su esqueleto encontraríamos. Esperábamos que estuviera en buen estado.

▲ Sue usó herramientas para retirar con cuidado rocas y tierra de los huesos fosilizados.

21 de agosto de 1990

8   Mientras trabajábamos, Pete nos contó acerca de otro fósil de "T. Rex" que había sido encontrado. Algunos "descubrimientos" eran de sólo pocos huesos. Ningún "T. Rex" conocido tenía siquiera la mitad de sus huesos. ¡Pero parecía que Sue había encontrado casi un esqueleto completo! Este es un descubrimiento importante. Ayudará a los científicos a aprender mucho acerca de los tiranosaurios. El esqueleto será también en un fantástico objeto para un museo.

23 de agosto de 1990

9   Hoy, Pete sacó el cráneo. ¡Mide casi cinco pies! Él piensa que este "T. Rex" era un gigante. Sus huesos son más grandes que los de cualquier otro T. Rex que haya visto.

▲ **Desenterrar huesos es un trabajo duro y sucio.**

Los huesos también se encuentran en buen estado. La mayoría de los huesos fosilizados suelen estar astillados, rotos o aplastados.

10   Mientras trabajábamos, tomábamos fotos. Es importante registrar la posición de los huesos. Esa información ayudará después a los científicos que estudien estos huesos.

11   También encontramos fósiles de plantas y otros dinosaurios. Estos hallazgos nos permitirán aprender más acerca de la vida en el pasado.

29 de agosto de 1990

12   Hoy, cuando desenterrábamos huesos, les poníamos rocas al lado que los protegerán en su camino al laboratorio. Cuando lleguemos ahí, las quitaremos.

▲ Pete posando cerca del cráneo de SUE.

Los huesos más frágiles son tratados de manera especial. Se les aplica una capa ligera de pegamento y otras de papel aluminio. Luego, los envolvemos en un molde de yeso. Algunas veces agregamos pedazos de madera como refuerzo.

1 de septiembre de 1990

13   Hoy dejamos de cavar. Tomó diecisiete días sacar a SUE de la tierra. Todos los huesos están, al fin, de camino al laboratorio. Tomará mucho tiempo limpiar el esqueleto.

▲ **Un molde de yeso ayuda a proteger este hueso durante el camino al laboratorio.**

14   Mi verano fue más largo y más maravilloso de lo que esperaba. Estoy triste de que se acabe, pero me hará feliz dormir de nuevo en una cama de verdad.

17 de mayo de 2000

15   Este diario ha estado en una caja por casi diez años, desde el verano que pasé con las dos Sue. Lo saqué esta noche para agregar una última entrada. ¡Vi a ambas Sue hoy! El "T. Rex" está ahora en exhibición en Chicago. Pete, Sue y yo estamos felices de que SUE tenga un lugar de honor. Los científicos pueden continuar estudiando los huesos y gente de todo el mundo puede visitar al "T. Rex" más grande y completo que jamás haya sido encontrado.

▲ SUE es una importante atracción en el Pabellón de los Dinosaurios del Museo Field. SUE mide 40.5 pies de largo. Algunos expertos piensan que este dinosaurio podría haber pesado 15,000 libras. Sólo los huesos pesan 3,922 libras.

Un nuevo descubrimiento

1   Hace siglos, un grupo de hombres llevaba con mucho trabajo el ataúd de una momia hacia su tumba. Un faraón o rey del antiguo Egipto acababa de morir. Su nombre era Senebkay. Un grupo de trabajadores habían preparado una pequeña tumba para él y la habían llenado de riquezas.

2   El viento azotó la arena a través del desierto. Con el tiempo, las tormentas de arena cubrieron la tumba. Su nombre cayó en el olvido. Tomaría no cientos, sino miles de años para que la gente descubriera a ese olvidado faraón egipcio.

3   Cuando finalmente encontraron la tumba de Senebkay, se presentó un problema. Los ladrones la habían saqueado. Además, el ataúd estaba abierto. Pero no todo eran malas noticias, en el ataúd había un esqueleto casi completo.

4   Los científicos unieron los huesos como si se tratara de un rompecabezas. Ahora, podrían estudiarlos y conocer la vida de este rey. ¿Cómo fue este gobernante? ¿Qué pasó con las tierras que gobernaba? ¿Cómo era la vida en Egipto durante esa época? Las respuestas a estas preguntas se han convertido en un reto además de contribuir a lo que ya sabemos del antiguo Egipto.

DesarrollaPiensaEscribe

Ampliar los conocimientos

Escribe lo que aprendiste sobre la excavación de verano al leer el diario de Terry.

"Un dinosaurio llamado SUE"	
¿Qué sucedió el 12 de agosto de 1990?	¿Qué sucedió el 14 de agosto de 1990?
¿Qué sucedió el 23 de agosto de 1990?	¿Por qué el autor escribe la última entrada de diario diez años después?

Piensa

¿Cómo comprender que el pasado modifica el futuro?

Basado en los textos de esta semana, anota otras ideas que tengas acerca de la pregunta esencial.

_____

_____

_____

_____

_____

_____

Escribir basándote en las fuentes

Opinión

¿Piensas que es importante usar fuentes primarias para aprender del pasado? En un ensayo corto, escribe tu opinión y da razones para apoyarla basadas en las lecturas de esta unidad.

Pautas para la investigación/Utilizar hechos y detalles

▶ **¿Piensas que es importante usar fuentes primarias para aprender del pasado? Escribe tu opinión y da razones para apoyarla basadas en las lecturas de esta unidad.**

En la tabla que aparece a continuación escribe las respuestas a las preguntas necesarias para analizar la pauta para escribir tu ensayo de opinión.

Preguntas para analizar las instrucciones	Respuesta
¿Qué tipo de texto y/o género piden que escriba?	
¿Qué selecciones o fuentes necesitaré para su escritura?	
¿Qué detalles o evidencia tengo que buscar?	
¿Cómo usaré los detalles y la evidencia?	

Cognados

evidencia	
evidente	
evidenció	

¿Qué otros derivados de la palabra *evidencia* conoces?

¿Son todos cognados?

Evidencia del texto (párrafo)	Las razones que justifican la opinión

Entre compañeros

• En la página _____ del texto dice que _____.
• Creo que es importante porque _____.
• Esta información apoya mi opinión sobre _____.

Planificar el ensayo de opinión

Organizar un ensayo de opinión

Elementos de un ensayo	Mis ideas
Declaración de la opinión	
Razones que justifiquen mi opinión	
Evidencia del texto	
Conclusión	

Entre compañeros

- Mi opinión es _____.
- Los detalles en que baso mi opinión son _____.
- La conclusión de mi ensayo es que _____.

Razones y evidencia…	Usa estas palabras para unirlas
Expresa lo que siente el narrador/nunca habíamos tenido tanto miedo	Un diario expresa lo que siente el narrador, **tal como** "nunca habíamos tenido tanto miedo".
Cuenta cosas que solo sabe quien las vivió/miles de personas esperaron mientras soplaba el viento	Un relato en primera persona cuenta cosas que solo sabe quien las vivió, **por ejemplo:** "miles de personas como nosotros esperaron en la fila mientras soplaba el viento".

Entre compañeros

- Voy a usar las palabras _____ para unir mi idea _____ con la evidencia _____.

Ampliar el vocabulario académico

Fuentes primarias

Para escribir un ensayo sobre fuentes primarias deberás usar un lenguaje rico y variado. Si tienes dudas sobre el significado de algunas palabras, busca su definición en el diccionario.

Palabra	Definición - Ejemplo
primaria	
investigación	
registro	
capturar	

Entre compañeros

• Para mí la palabra _____ quiere decir _____.

• Por ejemplo, _____.

Fuentes primarias

Las fuentes primarias son un tipo de información que nos ofrece una descripción de primera mano de un suceso. En la tabla a continuación hay algunos ejemplos de fuentes primarias. Agrega más ejemplos a la tabla y explica de qué manera cada fuente nos ayuda a conectar con el pasado.

Vocabulario de fuentes primarias	
Fuente primaria	**Cómo nos ayuda a conectar con el pasado**
diario	
entrevista	
discurso	
carta	
fotografía	

Entre compañeros

Creo que la fuente primaria _____ me ayuda a conectar con el pasado porque_____.

Utilizar las normas del español

Mira la tabla y lee las palabras haciendo énfasis en la sílaba acentuada.

última sílaba	penúltima sílaba	antepenúltima sílaba
investigación	primaria	sarcófago
contar	entrevista	periodístico

Entre compañeros

Completa las oraciones.

- _____ se acentúa en la última sílaba.

- ___ se acentúa en la penúltima sílaba.

Banco de palabras

discurso

capturar

fotógrafo

¡Tu turno!

1. Completa la oración usando la palabra que corresponda en cada caso.

2. Subraya las letras mayúsculas en las palabras que seleccionaste.

Piensa: Este párrafo trata sobre una fiesta en un colegio. Es un fragmento de un relato informativo en primera persona. Debes completar las oraciones con la palabra con la ortografía que corresponda.

La ___ pasada hubo una fiesta en la escuela.	**Primavera, primavera**
Marcela y ____ eran los encargados de las decoraciones.	**Andrés, andrés**
Había chocolates de marca _____.	**Chocolino, chocolino**
Y también vimos la película "Las _____ de Pin Pón".	**Aventuras, aventuras**

el fotogafa Notas eb

√

X pasado cómer

In citoda mometos
musuteo documentan "document
savo, somet ave
video, foto, escritura

evidencia

Acontecimietos

Sucesos "events"

obras de arte

piece of arf play

Pautas de conversación

Compartir una nueva idea u opinión

Pienso que _____.

He notado que _____.

Mi opinión es _____.

Un hecho importante fue cuando _____.

Pedir la palabra

Me gustaría añadir _____.

Perdón por interrumpir, pero _____.

Eso me ha hecho pensar en _____.

Agregar algo a la idea u opinión de un compañero

También pienso que _____.

Además, _____.

Otra idea es _____.

Expresar acuerdo con la idea de un compañero

Estoy de acuerdo con [nombre] porque _____.

Estoy de acuerdo con_____.

Pienso que es importante porque _____.

Expresar desacuerdo respetuosamente

Estoy en desacuerdo con [nombre] porque _____.

Entiendo tu punto de vista, pero pienso que _____.

¿Has pensado _____?

Preguntar para aclarar

¿A qué te referías al decir _____?

¿Estás diciendo que _____?

¿Podrías explicar lo que quieres decir con _____?

Aclarar a los demás

Lo que quiero decir es _____.

Lo que estoy intentando decir es _____.

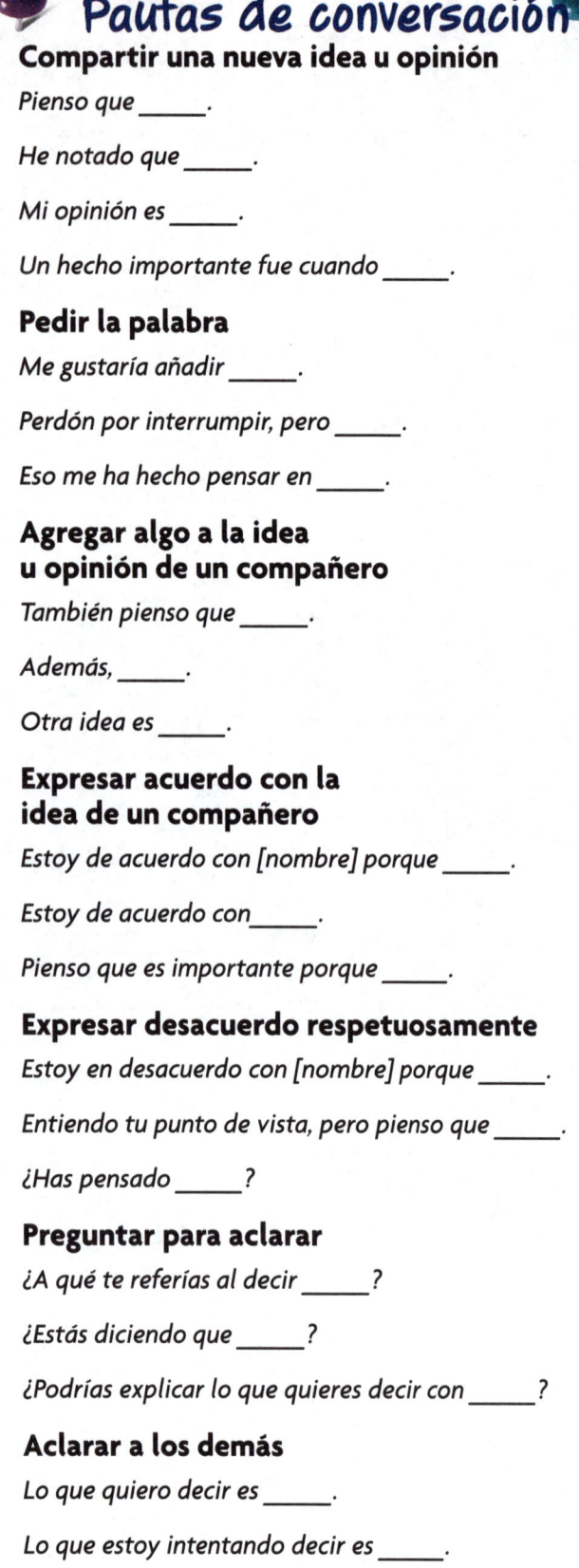

Roles del grupo

Director de debate:
Tu rol es guiar la conversación del grupo y asegurarte de que todos tengan la oportunidad de participar.

Redactor:
Tu rol es anotar las ideas y comentarios de tus compañeros.

Moderador:
Te ocuparás de tener en cuenta cuánto tiempo ha pasado y ayudar a que se mantenga activa la conversación.

Animador:
Tu rol es motivar y apoyar a los compañeros de tu grupo.